AF389872

MÉTIERS

DE PARIS

Le tirage de cet ouvrage est strictement limité à <u>cent exemplaires</u>,
plus dix exemplaires pour les besoins de l'auteur. (Ces dix exemplaires
ne seront pas mis dans le commerce.)

*Chaque exemplaire sera numéroté, revêtu de la signature
et du monogramme de l'artiste.*

EXEMPLAIRE No 5

HENRI BOUTET

MÉTIERS

DE PARIS

CONTENANT

TRENTE-CINQ EAUX-FORTES

ORIGINALES

—

PARIS

Chez l'Auteur

Ces portraits pris au hasard dans la grande mascarade Parisienne, n'ont pas la prétention d'être des études châtiées sur les personnages qu'ils représentent.

Ce sont des croquis faits comme les croquis de peintres doivent être faits, cherchant la vérité du geste dans l'accentuation voulue du trait, demandant à une notation rapide le côté caractéristique des sujets, négligeant la forme pour aller plus vite au-devant des lignes essentielles qui doivent mettre en saillie les silhouettes.

Les croquis ne se cherchent pas, ils se trouvent : Ils n'ont pas la prétention de peindre des généralités, mais le cas d'exception ne saurait leur suffire.

Étant donné le cercle restreint dans lequel l'observation peut se mouvoir, il faut en déduire qu'un personnage trouvé sur sa route en représente de pareils évoluant dans d'autres milieux.

A l'observateur comme au savant, le grossissement est nécessaire. Le microscope dévoile à l'analyse des choses que notre œil ne saurait prévoir.

Ces pages et ces eaux-fortes ont été conçues avec la recherche du côté essentiel qui devait caractériser la silhouette de ces personnages de Paris.

La pointe, impuissante à traduire le propos qui éclaire le sujet, demande le concours d'un adjectif, et les mots d'une plume inhabile se trouvant insuffisants à créer une forme, appellent à leur aide les ressources du cuivre.

Ces deux moyens de s'exprimer se sont liés étroitement pour laisser ces croquis dans leur note synthétique et pittoresque.

L'un de ces moyens est peut-être aveugle et l'autre paralytique ; mais, comme nous l'apprend la fable, l'exemple de ces misères associées ont permis à l'auteur de suivre son chemin sur la route tracée par ceux qui, comme lui, se sont essayés à laisser des silhouettes et des tableaux de la vie de Paris.

Métiers de Paris

LE FROTTEUR

Le Frotteur

❧

Sur une impériale d'omnibus vous trouvez, assis à vos côtés, un homme qui a un bâton à la main et, sous son bras, un sac de velours couleur grenat ou vert-bouteille ; c'est un frotteur. Vous avez près de vous un homme qui pourrait écrire sur la vie de Paris des mémoires plus intéressants que ne le saurait faire un homme de lettres.

Cet homme passe sa vie dans les coulisses et dans les cuisines de tous les endroits qu'il astique. Dans les chambres à coucher, il trouve des paires de bretelles qui n'y devraient pas être ; et Madame, qui pourvoit à sa toilette pendant qu'il récure le parquet, lui livre les secrets de son alcôve. Il se prête obligeamment à tout ce qu'on lui demande et ses aptitudes variées lui permettent aussi bien de mettre du vin en bouteille que de veiller.

Faisant du matin au soir des entrechats chez les bourgeois et chez les belles-Madames, cet humble batteur de tapis serait en bonne posture de documentation pour écrire des romans mondains. S'il voulait abandonner ses brosses, il pourrait se faire une place honorable parmi les gens de lettres qui s'adonnent à la littérature de paquebots.

Ne sachant nullement tarabiscoter des phrases, on pourrait attendre de lui une peinture des gens du monde bien plus exacte que nous la présentent des gens de lettres qui n'ont guère vécu que dans les estaminets.

TROTTINS

Trottins

Le trottin, c'est le moineau de Paris.

Avec ses cartons sous le bras et ses sacs de papier pendus à ses petites mains frêles, la gringalette donne l'idée d'un bibelot d'étagère.

Hélas! ce n'est pour longtemps! Bien vite de l'étagère elle descendra faire figure sur le canapé.

Elle est le petit Chaperon Rouge guetté par l'Ogre. Déjà on la convoite pour le dessert des cabinets particuliers où fréquente la finance.

Pauvre petit bibelot parisien, musant aux étalages, trottinant dans la rue, grignotant des brioches. Comme le « déjeuner de soleil » va durer peu de temps!

Si, pour te retrouver plus tard, comme on le ferait à la patte d'une hirondelle, on attachait à ta jambe menue un petit ruban rose, où te rencontrerait-on, hélas?

Tu es la proie chassée par tous les voraces. De toi, ils ne feront qu'une bouchée!...

Heureusement tu es fille d'Ève, et quand tu en tiendras un sous tes quenottes, sous tes quenottes qui mangeaient autrefois des brioches d'un sou, tu sauras le dévorer jusqu'à sa paire de bretelles.... Celui-là paiera pour les autres, et cependant tu le choisiras toujours parmi ceux qui ne t'auront pas fait de mal....

MODES

GARÇONS DE CAFÉ

Garçons de Café

En outre de ce qu'on apprend dans les écoles spéciales où se forment les diplomates, il est étonnant que l'on n'impose pas un stage dans la « limonade » aux élèves qui se destinent au poste de consul ou de commis de chancellerie.

Les garçons de café — de cafés de boulevard, s'entend — sont gens avisés, discrets, pourvus de mémoire et habitués à toutes les ficelles diplomatiques.

Du matin au soir, la serviette sous le bras, ils se meuvent au milieu d'une clientèle qu'ils doivent avant tout satisfaire.

Ils doivent pénétrer les goûts et veiller aux habitudes de chacun ; apprécier les différences morales qui, autour des tables, réunissent des gens dont le seul but n'est pas de prendre des grogs.

Le garçon de café reçoit des lettres pour le gros commerçant du Sentier et pour Chiffonnette.

Il est au courant de la cote des reports, vous donne le dernier tuyau sur les courses et peut fournir à l'étranger des conseils utiles sur l'état de santé des dames qui, le soir, viennent prendre des chartreuses dans l'établissement.

Si avec de pareilles qualités on n'est pas apte à entrer dans la « carrière », c'est qu'on nous a laissé croire que, seul, Machiavel connaissait quelque chose à la diplomatie, et que c'est une prétention des classes moyennes de vouloir y prétendre.

Femmes de Chambre

Ce ne sont certes pas leurs maîtresses qui pourraient les parer de vertus.

Entre les soins que ces dames exigent pour la mise en valeur de leurs charmes et ceux qu'impose le maquillage de leur âme, la femme de chambre se trouve à une école de mensonges et de truquages qui lui donne une autre idée de la vie que si, dans son village, elle était restée à garder les dindons.

Quand elles ont convolé en justes noces avec le valet de pied, qui semble ignorer que Monsieur leur faisait recoudre ses boutons de culotte, elles sont préparées à tenir des estaminets fréquentés par les gens de courses, à jouer de la prunelle derrière des comptoirs en zinc et à faire de la tapisserie dans des bureaux d'hôtels meublés.

Si l'expérience du monde les a éloignées du mariage, elles ont toutes les aptitudes requises pour la gérance de maisons hospitalières où, quelquefois, elles ont chance de retrouver Monsieur... ou même Madame.

Dans l'un ou l'autre de ces cas, elles reviennent à leur village, vont à la messe et élèvent des canards. Ainsi les trésors de tendresse qu'elles n'ont pu écouler se dépensent au profit de vieux chiens laids et hargneux qui, près d'elles, représentent la famille absente et leur font oublier un passé plutôt joyeux.

MONSIEUR ÉMILE

Monsieur Émile

Monsieur Émile exerce une des professions les plus répandues dans Paris : celle de n'en pas avoir.

Tous les jours vous saluez des gens, et vous seriez bien embarrassés s'il vous fallait dire ce qu'ils font.

Ce sont souvent les auxiliaires précieux à un tas de besognes louches dirigées par des gens honorables qui n'aiment pas à se salir les mains.

Courtiers électoraux, vendeurs de fonds de commerce, agents de renseignements, intermédiaires près des prêteurs d'argent, rabatteurs de cercles, donneurs de « tuyaux », amis de ces dames le plus souvent : ces gens sont de joyeux compères et la neurasthénie ne les atteint pas.

On les appelle généralement par leur petit nom.

Ils ne valent, en somme, pas beaucoup moins que les gens qui utilisent leurs services.

Aux apéritifs de Boulevards, ils sont légion. Ils tutoient les garçons et quelquefois le patron, ce qui les met en posture de noblesse vis-à-vis des « poires », sans lesquelles on ne placerait ni actions des « Mines de pain de Savoie », ni tableaux de l'école impressionniste. Mais ces « poires » sont nécessaires au succès des pièces de théâtre et des romans à la mode, et elles entretiennent le prestige de certaines dames qui exercent encore le commerce de la galanterie aux environs du retour d'âge.

APERITITS
A
30

CONFECTIONNEUSES

Confectionneuses

Ce sont les pauvresses du métier de tireuses d'aiguilles. Reléguées dans les maisons de faubourg, elles confectionnent des pantalons de charpentier, elles ourlent des sacs, elles bâtissent des corsages à trente-cinq sous et cousent tous les objets à bas prix que les grands magasins happent pour les rejeter ensuite aux étalages en complets à 19 francs et en cottes de limousin à 3.50.

Pauvre et dur métier où s'usent vite les vingt ans de la fille de faubourg! Il faut en abattre pour gagner quarante sous par jour! Et, quand les gains dépassent cette moyenne, ce n'est qu'au prix de longues veillées, de repas sur le coin de la table et de semaines sans dimanche.

Pauvres cendrillons du régiment de misère! Du haut de Belleville, des confins de Plaisance, femmes mûres et apprenties dégringolent vers le centre, emplissant avec leurs paquets énormes les omnibus et les voitures du Métro; le tas est gros, mais ce qu'il représente de gain n'atteint pas le prix d'une botte de roses achetée sur le boulevard.

Tout de même, c'est le lait du dernier-né..., la poupée de treize sous pour la fillette, et, demain dimanche, l'épaule de mouton entourée de pommes dorées, qu'on mangera en famille en chantant au dessert la dernière chanson à la mode.

LE GARÇON D'HOTEL

Le Garçon d'Hôtel

Ah ! on lui en a donné un joli métier à celui-là !

Là-bas, au pays, tranquillement, il gardait les vaches et aurait toujours été content de son sort en continuant de vivre au grand air et à voir chaque matin le soleil se lever derrière le coteau.

Mais un compatriote, tenancier d'un hôtel borgne, en décida autrement en l'appelant à Paris comme aide d'un garçon initié aux obligations professionnelles d'une maison de « trains de plaisir ». Il apprit, là, que l'amour ne se fait pas comme au village et que, dans les chambres d'hôtels, une dame peut tirer parti de ses charmes autrement que si, derrière une meule de foin, elle s'abandonne aux étreintes d'un gas du pays....

Plus tard, il devint majordome de l'établissement. Au râtelier il prit la clef, pourvue du jeton de cuivre, alluma la bougie, monta l'étroit escalier au tapis montrant ses râpes, suivi par le couple en mal d'amour qu'il avait fonction d'introduire dans une pièce suant l'humidité, empestant le savon de bazar, dans laquelle devait s'opérer le sacrifice.

Il sut alors à quoi s'en tenir sur la nature de ces opérations rapides. Il ne s'émeut guère des discussions au sujet d'appels de fonds non prévus par le client et il a acquis sur la nature des entretiens amoureux une philosophie qui vaut tout autant que celle d'un docteur en Sorbonne.

CHANTEUSE DE BEUGLANTS

Chanteuse de Beuglants

Pauvre vieille édentée, édentée comme un vieux râteau. Maquillée ainsi qu'une femme du monde, je lui ai vu gagner ses cent sous par soirée en chantant des couplets patriotiques aux tringlots du Boulevard de Grenelle.

Et dire qu'elle continue encore!... Elle a débuté à la fin de l'Empire, au temps où Mlle Silly chantait *La Vénus aux Carottes*. Elle faisait tapisserie à l'époque où, sur la scène des cafés-concerts, on installait des dames, tandis que Darcier, déjà vieux, chantait *Le Bataillon de la Moselle*.

Alors, ne pouvant grimper plus haut, elle descendit plus bas. Elle usa les semelles de ses pauvres savates de satin achetées au Temple dans des beuglants de troisième ordre. Puis, implacable, le temps dégarnit ses tempes, rida sa face, donna quelque ouvrage au dentiste.... Et, toujours, elle continua dans les casinos de faubourg à jouer de l'éventail et à soupirer des romances. Je l'ai revue voilà peu de temps. Son nom, écrit sur une grande affiche manuscrite, m'avait attiré dans une arrière-boutique de marchand de vins de Vaugirard où l'on chantait.

Oh! les misères de cabots! les souffrances de ces pauvres diables qui, jusqu'au lit d'hôpital, continuent le rêve de désenchantement qu'ils ont su garder comme le mirage de joies toujours insaisissables à leurs pauvres mains tendues en vain pour les saisir!...

LE MARCHAND D'OLIVES

Le Marchand d'Olives

— Olives ! Cacahouets !...

Son coussin de sparterie pendu à un bras, son petit baquet accroché à l'autre, le marchand d'olives circule autour des tables des cafés de boulevards. Sur chacune il dépose quelque chose qui ressemble à un cocon de ver à soie : c'est un cacahouet. Il continue sa tournée et repasse devant les mêmes tables solliciter l'achat de ces petites friandises qui vous aident à ne pas digérer et à redemander des bocks.

C'est la raison de l'accueil aimable qu'ils reçoivent des patrons de cafés qui font déguerpir les pauvres diables qui offrent des chaînes de montre en doublé, des romans avariés et des bouquets de roses qui ont déjà servi.

Cette randonnée, autour des tables, de ces gens qui, parfois, n'ont pas mangé, dans la mêlée de ceux qui, en paix, digèrent dans la fraîcheur du soir aux terrasses des cafés, est curieuse. Ils vendent un peu de tout : le jouet à la mode, des tapis d'Orient où sommeillent des puces, des statuettes en plâtre, des plans de Paris, des petits chiens frisés cravatés de rose, et des couteaux à douze lames.

Parmi les commerçants du trottoir, le marchand d'olives revient comme un refrain de chanson, débitant une marchandise qu'on ne grignotte que devant les bocks de bière brune, en compagnie de femmes aimables.

— Olives ! Cacahouets !...

DEMOISELLES DE MAGASIN

Demoiselles de Magasin

Aux portes des magasins de nouveautés, autour des étalages où des jupons accrochés pendent comme de grosses cloches, de corbeilles où grésillent les couleurs vives des rubans au rabais, de tables sur lesquelles s'entassent des chapeaux de femmes dont les formes sont empruntées aux abat-jour, aux cloches à melons et aux bassines à confiture, circulent les demoiselles de magasin qui passent et repassent devant les sentinelles sans tête, immobiles sur leur pied noir, qui sont les mannequins revêtus du corsage « occasion exceptionnelle ».

Le matin, quand elles « font l'étalage », coquettes dans leur petite robe et leur tablier noirs, elles ont l'air de petites hirondelles butinant sur des parterres où les fleurs en papier, les écharpes de gaze, les pièces de satin dépliées, tout le fouillis des choses au rabais forment un échantillonnage de toutes les couleurs de l'arc-en-ciel.

Le petit paquet de fiches et les ciseaux pendus à leur ceinture, elles circulent par les temps les plus durs. Au milieu de tout ce déballage, on les voit souffler sur leurs petits doigts menus, pour les réchauffer, en grignottant un croissant....

Elles sont la joie des rues de Paris, de ces vieilles rues qu'on ne reverra bientôt plus qu'en feuilletant les estampes des Flameng, des Meryon et des Delauney.

CONFECTIONS

LE COCHER DE FIACRE

Le Cocher de Fiacre

Huché sur son siège, son *Perpignan* à la main, il paraît, dans la foule, vouloir pêcher des chapeaux de forme sur la tête des bourgeois.

Devant lui file le joyeux chauffeur d'auto qui le nargue en l'assourdissant de ses appels de trompe et de ses airs de fanfare.

Coiffé de son casque en cuir bouilli, son carrick d'amadou sur les épaules, les jambes roulées dans sa couverture à raies jaunes, il a l'air de conduire quelque vieille berline et de mener des émigrés à la frontière.

Il promène encore des étrangers à bourse plate devant les monuments publics, trimballe le matin, vers les chantiers, des compagnons maçons avec leurs auges et leurs truelles plâtrées : c'est à peu près tout ce qui lui reste.

Préparé pour les chaires d'enseignement ou les sièges d'épiscopat, ayant abandonné les panonceaux du notariat ou renoncé aux Pandectes, il avait trouvé le seul siège où ses rancœurs lui permettaient d'engueuler le bourgeois : maintenant il n'est plus qu'un souverain détrôné.

— Enfin ! disais-je à l'un d'eux, après avoir écouté ses doléances, il vous restera toujours les amoureux !...

— Comme on voit bien que Monsieur n'est pas de la partie, me dit-il, mélancolique ; l'amour, c'est comme le reste : il faut que ça aille vite !...

SPECTACLES
OPÉRA
FAUST

BONNES A TOUT FAIRE

Bonnes à tout faire

Elles sont d'ordre différents.

Les unes, bonnes campagnardes non dégrossies, sont chargées, dans les arrières-boutiques, de l'astiquage du mioche et de la confection du mironton.

Chez les vieux garçons et chez les veufs, la besogne étant moins dure, de jeunes bonnes suffisent à l'entretien du linge de Monsieur et aux soins d'une cuisine réduite à son minimum.

Elles n'ont guère qu'à être dociles, prévenantes et attentives aux désirs de gens qui, vivant seuls, ont besoin qu'on s'occupe un peu de leur personne.

Il en est d'autres qui, au lieu de servir chez des vieux garçons, sont employées à aider des dames seules qui, pour rompre la monotonie d'une vie sédentaire, ont pris coutume de recevoir beaucoup.

Le genre de vie indolente de ces dames, leurs habitudes casanières au milieu d'appartements confortables du quartier de l'Europe, les obligations imposées par leurs relations, les contraignent souvent à recourir aux services de jeunes bonnes aimables qui sont aptes à les remplacer près des gens qu'elles reçoivent. Et si ces dames fort occupées leur confient ces soins, c'est que les visiteurs ne se plaignent pas s'ils ont attendu un peu avant de pouvoir prendre des nouvelles de Madame....

UN BANQUIER

Un Banquier

Le métier de négrier se pratique ouvertement en plein boulevard.

Il est de ces boucaniers, assis à toutes les terrasses de cafés. Ils jouissent d'une considération en rapport de ce que leur procure leur brigandage. Traite des blancs — et même des blanches — leur assure des revenus bien supérieurs aux gains que peuvent envier ceux qui manœuvrent dans les maigres pâturages des arts, des lettres et de la science.

Assis à une table, au même endroit et aux mêmes heures, l'on peut en voir un qui n'a plus à compter le nombre de ses victimes. Pendant qu'il fume son cigare, des gens s'approchent, sortent de leur poche une feuille de papier qu'il examine et rend à son propriétaire à moins qu'il ne l'insère dans son portefeuille.... Le lendemain, reviennent ceux qui lui ont laissé leur morceau de papier.... et tout se termine par une remise de fonds.

Cet homme escompte à 20, 5o ou 1oo pour cent des papiers de complaisance. Ce trafiquant de misères humaines est joufflu et féru de bonne humeur. Il a des enfants et une femme qu'il adore, paraît-il ; il possède maison de rapport à Paris et chalet au bord de la mer, et, paisiblement, sa vie s'écoule entre les suicides et les cas de folie qu'il a semés sur sa route.

LES NOUNOUS

Les Nounous

On va les chercher au « bureau ». On les choisit dans
une salle triste et sans meubles, entourée de banquettes, sur
lesquelles elles sont assises, dépoitraillées, avec leurs seins
tombant sur leur ventre, attendant paisiblement le client
dans une atmosphère qui sent le vieux beurre, le linge
mouillé et le pipi.

Alors, comme des bêtes au marché, on les inventorie. Le
docteur écarte leurs paupières, leur fait tirer la langue,
soupèse leurs seins énormes dont il presse le bout pour en
faire sortir une goutte de lait qu'il malaxe entre ses doigts.

Quand le choix est fait, vous introduisez chez vous un
tyran qui baffre trois côtelettes à son repas, liche comme
un sonneur de cloches, se couche tôt, se lève tard, use
votre linge, se sert de votre brosse à dents et vous amène
le dimanche, à dîner, un homme sentant le crottin ; c'est le
mari...? palefrenier à Neuilly, qui s'en va sans vous dire
bonsoir, après avoir vidé toutes vos bouteilles.

On la pare comme une châsse. Elle exige, pour aller
aux Tuileries, des rubans larges comme des descentes de
lit : elle dit à la concierge et à toutes les bonnes du quartier
que ses maîtres sont des « mufles ». Une fois bébé sevré,
elle retourne au village préparer la fructueuse grossesse
qui doit la ramener à Paris chercher de nouvelles victimes
parmi d'autres paisibles bourgeois.

LE COLLEUR D'AFFICHES

Le Colleur d'Affiches

Il est le tapissier des murs de Paris. Il fut un temps où il les enjolivait ; maintenant, il les couvre d'images déshonorantes qui semblent faites pour des nègres. La publicité, qui s'empare de tout, a, le long des lignes de chemins de fer, gâté nos paysages après avoir souillé les murs de Paris.

Autrefois, les jolies taches de couleurs des affiches de Chéret étaient la joie de nos rues. Aujourd'hui, où la dimension des affiches a quadruplé, ce sont des paires de bottines grandes comme des locomotives, des grenouilles qui sont enfin arrivées à se faire plus grosses que des bœufs qui viennent attirer l'attention sur un cirage ou sur une pâte à polir, et la spirituelle facétie de grouper autour d'une table tous les souverains d'Europe — M. Fallières en tête — pour les voir déguster un apéritif, vient seule rompre la monotonie qu'engendre la vue d'ustensiles de ménage, de pneus et de cheminées roulantes.

L'afficheur, lui, se fiche bien de tout cela ! Juché sur son échelle ou grimpé sur son seau, il colle ce qu'on lui donne à coller, sans parti-pris aucun. Seulement, en temps d'élections, les murs deviennent un peu amusants ; l'afficheur a une opinion conforme aux affiches qu'il colle : opinion d'ailleurs plus souvent justifiée que celle de la plupart des gens qui lisent les placards sur lesquels les candidats se traitent de voleurs, de vendus en se menaçant de paires de giffles.

COMITÉ REPUBLICAIN
UNE LACHETÉ
ILS EN ONT MENTI
PAITRES
BOBINARD

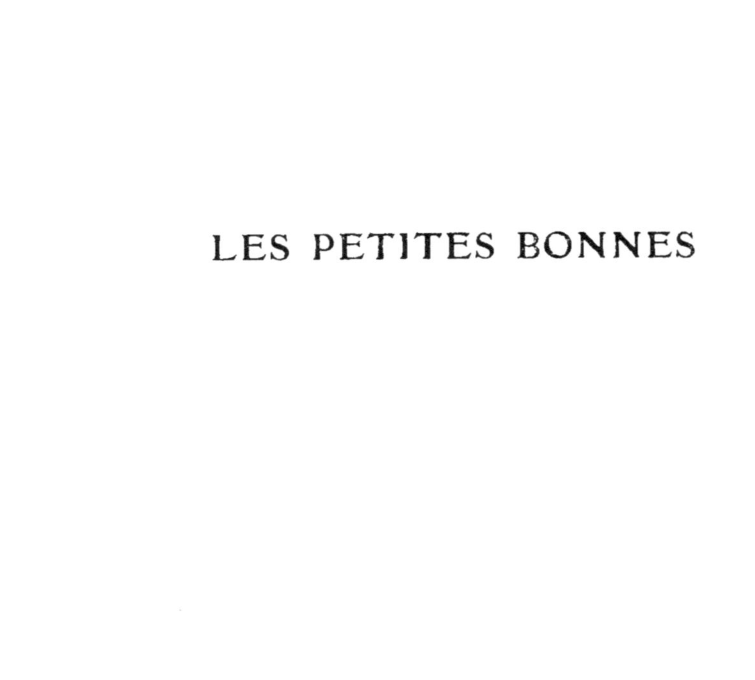

LES PETITES BONNES

Les Petites Bonnes

On les ramène généralement des villégiatures et des petits trous pas cher.

Là-bas, dans quelque coin de Normandie, au flanc du coteau d'un village auvergnat ou sur la grève d'un petit port de pêche aux mœurs primitives, on les cueille.

Elles ont bouclé dans une malle de gendarme leurs maigres hardes et pris le train avec vous. Émerveillées, bâillant du bec et écarquillant les yeux devant la nouvelle existence qui leur est offerte, en peu de temps elles arrangent leurs nuques comme la bouchère, cambrent leur taille comme la fille du concierge, s'achètent chez l'herboriste des savons à la rose et du lubin, et décrassées en un clin d'œil, elles sont autrement affriolantes que les femmes de théâtre qui *morganatisent* avec des archiducs ou se font épouser par la fleur des Amériques.

Jolies comme tout, le matin elles circulent dans le quartier tenant à la main leur boîte au lait ou le filet à provisions.

Elles sont provoquantes à souhait : leur taille est ronde, leur jeune poitrine conquérante et leurs bras nus, leur teint clair, paraissent avoir gardé les senteurs des foins coupés et l'haleine salée des grèves.

Assurément, les garçons bouchers du quartier ne doivent pas s'embêter !...

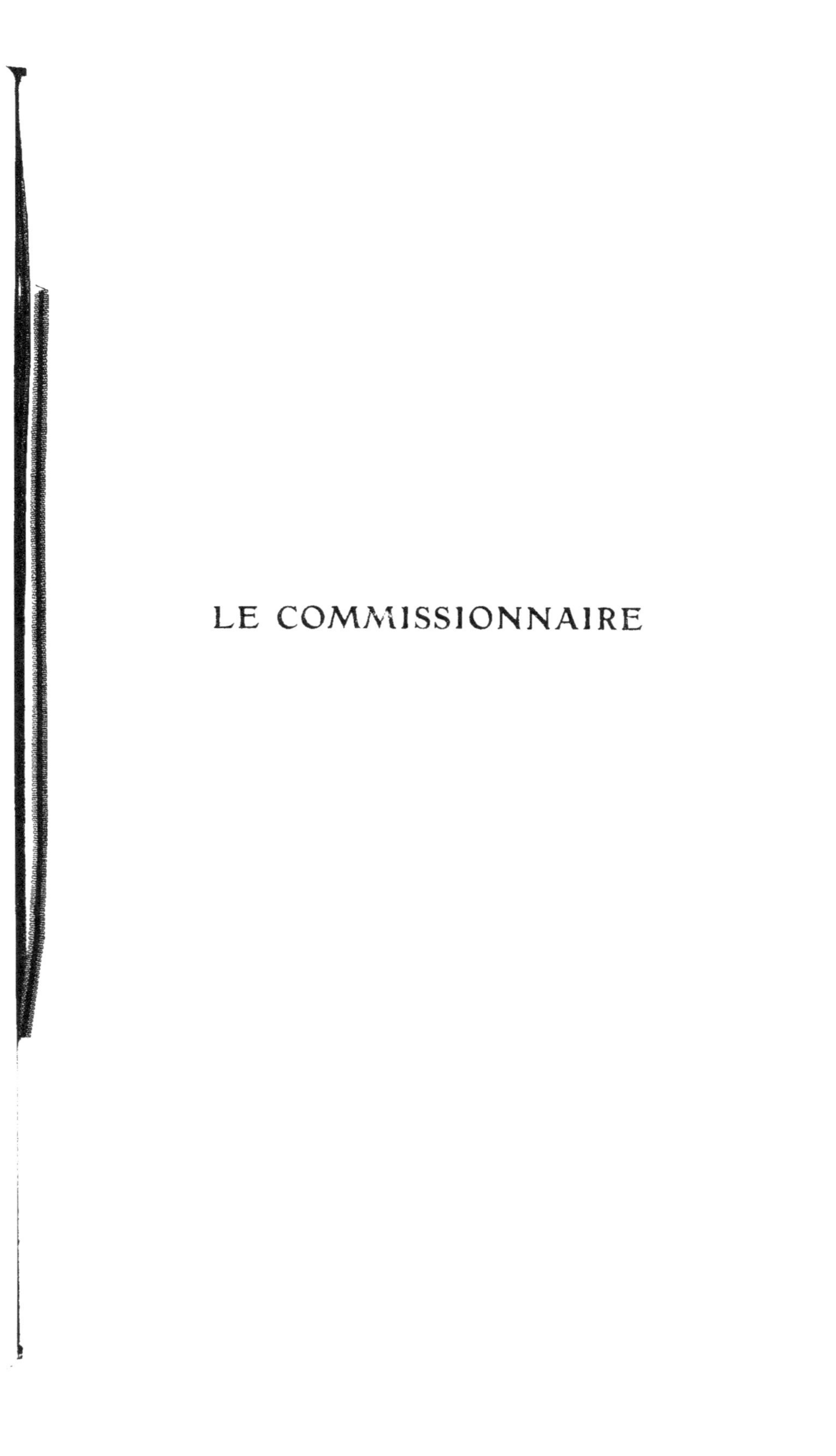

LE COMMISSIONNAIRE

Le Commissionnaire

Mélancolique au pied d'un bec de gaz, assis sur sa boîte, près du crochet qui jette en l'air ses bras désespérés, il a l'air de quelque dessin de Bertall ou de Maurisset descendu d'un vieux cadre ou échappé des cartons du Musée Carnavalet.

Il n'est plus guère que des receveurs d'enregistrement de passage à Paris qui font cirer leurs bottes et brosser leur pardessus au pied des marronniers.

On ne fait plus faire ses courses par un commissionnaire quand on a à sa disposition le petit bleu et le coup de téléphone, et le pauvre vieux n'a plus guère pour entretenir sa vie que les déménagements à la cloche de bois et le transport des malles de Limousins.

Avec sa plaque de garde-champêtre et sa casquette à la main, ce n'est plus un messager d'amour possible, et la jeune personne qui le verrait apparaître muni d'un billet doux se croirait la proie de quelque désir de vieillard romantique.

Le commissionnaire parisien est une pièce de musée et son crochet trouvera un jour sa place à Carnavalet entre une giberne et le bonnet à poil d'un grenadier du premier Empire.

Pauvre commissionnaire ! Il a tenu des premiers rôles dans les mélodrames, au temps où une pièce pouvait avoir du succès sans qu'on y exhibe des dames en chemise.

COMMERCE
LE COMMISSIONNAIRE
EST CHEZ LE
M.d DE VINS

LA BLANCHISSEUSE

La Blanchisseuse

Avec son panier au bras, son paquet sur l'épaule, son nez au vent, ses cheveux indisciplinés et sa jupe cavalière, elle est la plus jolie silhouette des femmes de Paris.

Je ne conseille pas aux femmes qui ont comme fonction d'embellir les heures des gens de la haute de venir lutter de grâce avec elle quand, grimpant un escalier des quais de l'Ile Saint-Louis, elle sort d'un bateau-lavoir, tout imprégnée encore de la bonne et saine odeur de lessive qu'elle emporte avec elle dans ses cheveux d'or et dans ses jupes et que devant vous elle file au vent comme une nymphe échappée des eaux.

Dans les faubourgs, sortant des portes-cochères où un drapeau en zinc indique un lavoir, on la rencontre aussi.

Au fond des boutiques peintes en bleu où se détache le mot : *Blanchisserie*, on les voit pimpantes et gaies au milieu des jupons et des corsages clairs qui font une parure de fraîches couleurs à leur teint de filles du peuple.

Que deviendra la belle fille ? Moins que si elle était modiste ou couturière, la noce la guette. Peut-être épousera-t-elle un compagnon qui la rendra heureuse ? Autrement, si elle échappe au négoce qu'elle peut tirer de ses charmes, elle ira se ranger d'un ferrailleur ivrogne et beau parleur qui la rouera de coups tous les soirs et la mettra enceinte régulièrement une fois par an.

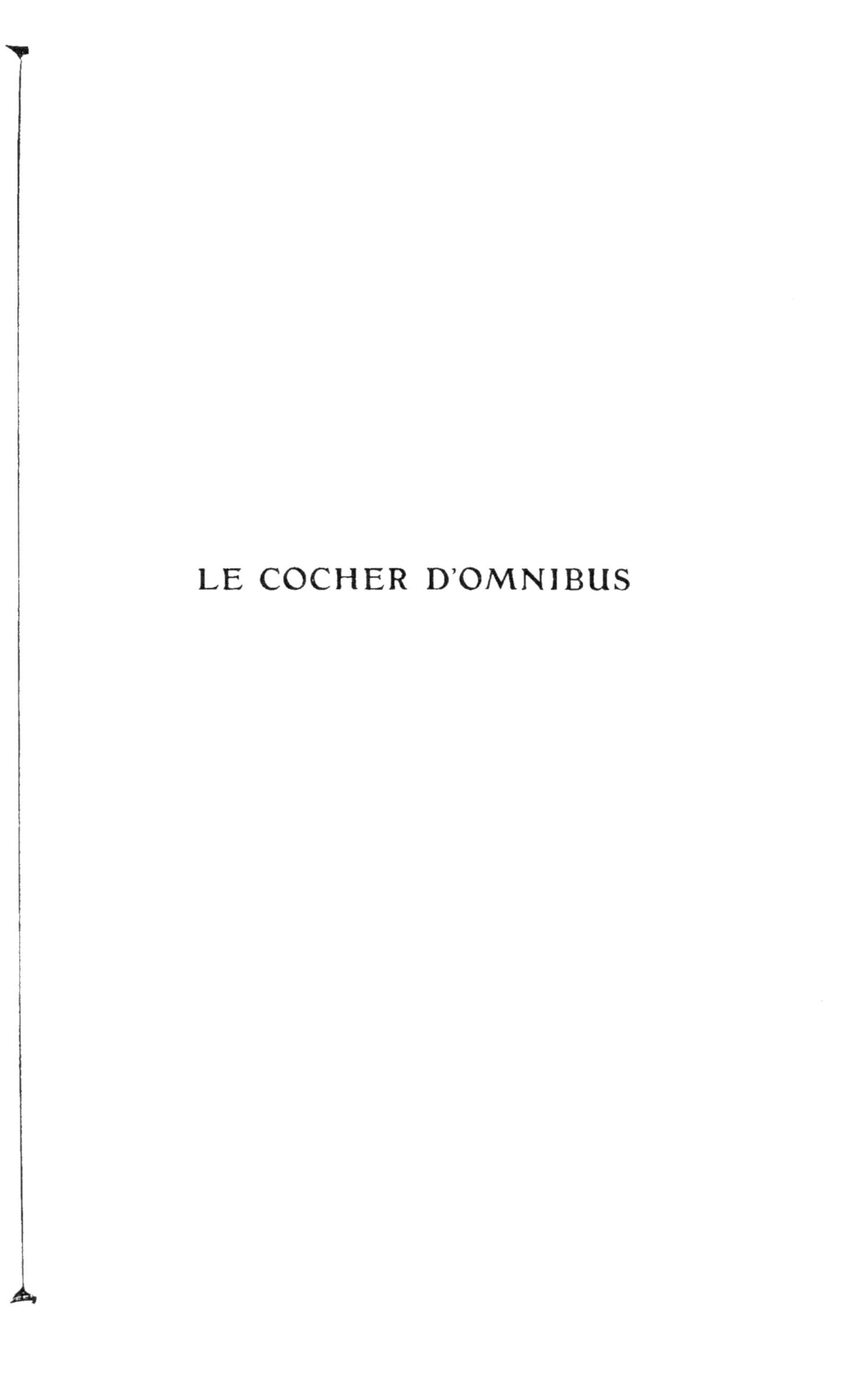

LE COCHER D'OMNIBUS

Le Cocher d'Omnibus

Si sur une impériale d'omnibus vous prenez place près
du cocher et que vous causiez avec lui, vous saurez vite en
quel mépris cet homme tient les automobiles et les bicy-
clettes.

Celui-là sent bien que sa fonction est atteinte, et mêlant
de l'aigreur à ses revendications, il exprime tristement que,
bientôt, il faudra remiser pour de bon ; et si l'âge ne lui
permet pas de convoiter le poste envié de chauffeur, il lui
faudra chercher à manier son fouet sur un corbillard ou
autour des voitures de maraîcher.

Nous n'en avons plus pour bien longtemps à entendre :
« Hue, Cocotte ! » et à voir monter dans l'air la buée
fumante de la croupe des percherons.

L'omnibus parisien n'est plus qu'une diligence ; il semble
qu'on voyage en province quand on monte dans les quelques-
uns qui nous restent et qui, cahin-caha, comme des bêtes
sans poumons, halètent aux montées des rues de faubourgs.

Ceci n'empêche nullement d'améliorer la race chevaline ;
et quand les chevaux ne serviront plus à rien du tout,
on améliorera toujours, à moins qu'on ne remplace les
courses par des moyens où le gogo sera aussi sûr de
perdre son argent qu'en voyant courir des chevaux de
marque montés par des jockeys d'outre-Manche.

EPICE
MONTMARTRE
PALAIS·ROYAL—GARE S

LES INFIRMIÈRES

Les Infirmières

Tout en blanc, elles longent les murs de l'hôpital, semblables à des nonnes, mais à des nonnes qui seraient en chemise.

Alertes, elles circulent dans le quartier, le pas rapide, la taille cambrée, la croupe altière, le nez au vent, et si leurs longues blouses blanches ont des poches, leurs yeux ne sont pas dedans, ces yeux qui ont l'air d'avoir comme fonction de réveiller les morts.

Sorties pour mettre une lettre à la poste ou pour hêler un fiacre, elles cueillent sur leur passage les désirs incontentés des bourgeois paisibles qui promènent leur chien.

La thérapeutique a des secrets que les docteurs ne dévoilent pas. Aux Sœurs qui, le long des cloîtres, glissaient comme des ombres, la nouvelle école a substitué la réalité d'infirmières plus saisissables et moins irréelles, et la crânerie des petits bonnets que guettent les ailes des moulins a remplacé le calmant des cornettes.

La guérison est toujours chose problématique. Retarder, à l'aide de stimulants, le trépas de ceux qui ont trouvé la vie bonne, est un progrès qui en vaut un autre, et les docteurs ont bien fait de confier le départ aux pays inconnus aux soins des infirmières toutes blanches qui ont remplacé les Sœurs.

LE CHIFFONNIER

Le Chiffonnier

Est-ce le journalisme de notre temps qui a déconsidéré le papier ? Toujours est-il que le biffin de nos jours le dédaigne ; qu'il n'en est plus qui se promènent la nuit, la hotte au dos, le falot d'une main et le crochet de l'autre, piquant sur la chaussée le journal de la veille, la lettre du créancier ou le billet compromettant de l'amoureux.

La Poubelle a tué le chiffonnier classique et légendaire dont les Gavarni et les Traviès nous ont laissé l'image, et les vieux papiers ne servant plus à en faire de neufs, s'amoncellent en tas sur la voiture des boueux, ensevelissant dans les souvenirs d'un passé lointain le biffin philosophe coiffé du bonnet de police qui fut à son heure un héros de mélodrame.

De petites voitures attelées d'un âne séjournent à présent au coin des rues, entourées de toute une tribu. Hommes, femmes et enfants picorent dans les boîtes de fer les déchets de notre vie auxquels ils vont demander la leur, là bas, dans la cité Dorée ou dans les sentines de la Glacière.

Avant d'entreposer le solde de leurs détritus chez les marchands de chiffons en gros qui savent en tirer de copieuses dots pour leurs filles, ils ont enlevé tout ce qui peut se revendre, et une brosse à dents jetée au panier trouve encore un acheteur !... Les chiffonniers le savent, et il n'est pas déplacé de les avoir appelés des « philosophes ».

LE BALAYEUR

Le Balayeur

Aux premières lueurs du jour, son balai de bouleau emmanché dans ses robustes mains, il fait des lacets dans les rues, comme s'il devait faire se rejoindre les trottoirs devant lesquels il renvoie tout ce qu'il a trouvé sur son passage.

Puis, ensuite, avec la grosse clef pendue à ses côtés comme le trousseau d'un geôlier, il ouvre une bouche d'eau qui écoule dans le ruisseau, lentement, une eau claire qui file entre les pavés.

Alors, sur la chaussée il allonge son balai ; l'eau trace de géométriques festons, ramenant vers le trottoir les prospectus, les feuilles de salade et les peaux d'oranges que la bouche d'égout pompe avidement comme un ivrogne, le goulot au bec, vide une bouteille.

Le balayeur, connu de son quartier, rend de petits services aux boutiquiers, donne un coup de fion à leurs portes et, s'arrêtant un instant chez le marchand de vins avec un concierge ou le facteur, il lampe volontiers un verre de vin bleu qui lui donnera des forces pour continuer la toilette de nos rues de Paris.

Il est toujours, paraît-il, plus de cinquante mille postulants à ces emplois modestes, et les personnages qui disposent d'influence affirment qu'un siège de Conseiller d'État est plus facile à obtenir.

LA GARDE MALADE

La Garde Malade

❧

Avec une bonne garde malade on peut se passer des soins du docteur. Son art de guérir consistant à vous laisser croire que vous n'êtes pas malade, on trouve près d'elle le meilleur des refuges contre la maladie.

Munie de plus d'exemples sur votre cas — elle en invente d'ailleurs — qu'un étudiant n'en loge dans sa thèse de doctorat, elle sait vous persuader que le vôtre est peu de chose et elle fait de vous un adepte de l'école de suggestion. En tout cas, si vous ne devez pas guérir, elle sera un bon et joyeux compagnon pour adoucir les derniers jours que vous aurez à passer sur la planète et pour calmer les angoisses de la fin.

Son air est épanoui et sa peau couperosée. Elle est barbue comme un sapeur et liche comme une vivandière. Elle aime le rhum et les viandes saignantes, et si elle vous conseille des eaux minérales, elle n'en consomme pas pour son compte.

Dans son fauteuil, près du lit, quand le malade repose, elle fait son petit somme, bercée par le tic-tac de la vieille horloge.

Dans l'atmosphère pacifiante qui s'évade des pots d'onguents et des bouteilles de drogues, elle se réconforte pour la nuit en se confectionnant des brûlots et elle se prépare des songes tranquilles en lisant des romans d'amour....

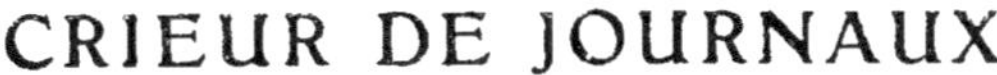

CRIEUR DE JOURNAUX

Crieurs de Journaux

Il est des endroits de Paris où, de la rue du Croissant,
les journaux du soir arrivent en tas. Une légion de camelots,
impatiemment, les attendent ; autour de la voiture qui s'ar-
rête, ils se précipitent comme des chiens à la curée, prennent
leur paquet de feuilles encore tout humides et, lancés comme
par une catapulte, se répandent dans les quartiers éloignés.

Le métier demande du jarret et une voix sonore. Il s'agit
d'arriver le premier dans les carrefours et d'ameuter le
quartier par des « coups de gueule » qui font croire à un
incendie. Courant comme des fous, ils ne s'arrêtent pas en
route pour gagner plus vite le haut des faubourgs, car si
un événement important est attendu, quelques minutes
d'avance sur le concurrent suffisent à écouler cent journaux.

D'autres ont une clientèle de cafés ou bien séjournent
dans de petits îlots, lesquels, en vertu d'un accord tacite,
leur appartiennent ; ce sont les vieux, les pères-conscrits du
métier, qui, paisiblement, y font leurs petites affaires.

Dans les grandes circonstances : élections, événements
sensationnels, grands procès, les éditions se succèdent jusqu'à minuit, d'heure en heure ; ce sont les « coups de feu »
profitables aux vendeurs de « dernières nouvelles ».

Ces auxiliaires sont précieux pour les directeurs de journaux. Ils donnent de l'importance à des événements qui,
souvent, n'en ont guère, et quelquefois pas du tout....

DANSEUSE

Danseuse

Aînée d'un frère et d'une sœur encore à l'école, elle venait, après être entrée dans les classes de danse de l'Opéra, sur les conseils d'une voisine ouvreuse, de prendre place dans les quadrilles.

Le père, mécanicien, la mère toujours malade complétaient la famille, tapie dans un petit logement de Levallois.

Pas belle, nullement pourvue de qualités propices à honorer l'art de la danse, elle n'avait à espérer ni l'emploi des premiers sujets, ni à convoiter l'entreteneur sur le dos duquel on rattrape les heures de vache enragée.

Docile, douce, venant à l'heure, suffisamment habile à tricoter des jambes au milieu des dames du corps de ballet, elle eut, là, une profession qui lui valait tout autant que celle de modiste ou de couturière.

Les planches n'étant pas le tremplin qui pouvait la projeter dans un hôtel de petite maîtresse, elle resta enclose entre les murs du logement de famille, résignée à son sort...

La danseuse éveille généralement dans l'esprit du public des idées de mère Cardinal, de dessins de Forain, de sacs de bonbons, de bouquets de quinze louis et de soupers au champagne... Il n'en est pas toujours ainsi, et beaucoup, une fois qu'elles ont quitté le tutu et enlevé, de leurs joues, le blanc-gras, sont réclamées par les soins plus prosaïques de la confection du miroton et du reprisage des bas.

LE MITRON

Le Mitron

Entre deux fournées, à la porte d'allée, près de la boutique, le mitron, forgé sec comme une rapière, le foulard autour du cou, les bras croisés, les jambes nues sous son pagne, aspire l'air frais de la nuit en regardant défiler les voitures de maraîchers qui sentent bon la fraise.

Une fois sa pipe éteinte, il regagne le fournil, s'applique comme une ventouse le goulot du litre au bec et va se remettre au pétrin.

Il plonge alors dans son sarcophage comme s'il entrait dans l'infini ! Les bras en avant, le dos courbé, il a l'air de piquer une tête dans la pâte sentant bon le froment, qu'il étreint et malaxe comme un torse de lutteur.

Dehors, par le soupirail, sortent de sa poitrine des cris d'orfraie, des sifflements de locomotive, des hurlements de bête qu'on égorge qui font s'arrêter les passants, quand il se rue et qu'il halète sur le mastic jaunâtre qu'il soulève et qui retombe, comme un énorme pis, en claquant, soulevant un nuage de poussière blanche.

Sa peau ruisselle, de petites gouttes argentées se promènent sur sa poitrine, sautent de poil en poil, comme un oiselet de branche en branche, et tombent finalement dans la bonne pâte couleur d'ivoire qui sera le vie du lendemain de ceux qui travaillent aussi bien que de ceux qui regardent travailler les autres....

MARCHAND DE TONNEAUX

Le Marchand de Tonneaux

Le marchand de tonneaux, ou plutôt l'acheteur de tonneaux, a une voix sinistre ; on dirait que c'est dans le trou de ses futailles qu'il jette son appel lugubre et prolongé.

A la nuit tombante des soirs de novembre, quand il tire son haquet en criant d'une voix de basse-taille son : « Teu-neaux ! teu-neaux ! », il vous met la mort dans l'âme.

Dans son voyage le long des rues, les essieux de son charriot geignent, ses fûts se heurtent ; on dirait les plaintes d'une bête de nuit et le choc de tibias d'une danse macabre.

Est-ce parce qu'il ne trimballe que des pièces vides que le marchand de tonneaux a l'air si attristé ?

La nuit vient ; et tout là-bas, dans le lointain quartier de la Rapée, il va remiser ses barriques.

Derrière la gare, il suit de longues rues tristes où il n'y a que des murs ; il s'enfonce dans un horizon tout noir, et, par habitude, il continue quand même à clamer son *De Profundis* qui s'éteint dans la nuit, comme un râle, répercutant le long des hauts murs tout noirs le rhytme monotone de sa voix caverneuse et de son chant désespéré :

« Teu-neaux ! Teu-neaux ! Teu-neaux !... »

CHATEAU DE MEUSE
E P

LE FACTEUR

Le Facteur

A la période de jour de l'an, sous prétexte de services
différents, on les voit défiler devant sa porte vous demander
de les pourvoir du maigre profit que l'Administration leur
refuse. Mais l'État se soucie bien d'imposer à ses fonction-
naires une aussi piteuse démarche !

Si les facteurs sont autorisés à aller réclamer des
étrennes, on se demande pourquoi les gendarmes et les
sergents de ville, dont les situations sont aussi modestes,
et les fonctions aussi utiles, n'en feraient pas autant ? Alors,
peut-être, l'État se rendrait-il compte qu'il doit payer ceux
qu'il emploie, suffisamment pour les empêcher de tendre la
main.

Il n'est guère de gens plus intéressants que nos facteurs.
Dans les rues on les voit filer comme des zèbres, tricoter
d'un trottoir à l'autre, et, à part une petite goutte chez le
charbonnier, on ne les voit guère perdre leur temps dans
la fonction qu'ils ont de nous distribuer les petits papiers si
souvent inutiles qu'ils promènent dans leur boîte qu'ils
portent comme un joueur de vielle.

Distributeurs inconscients de bonnes et de mauvaises
nouvelles, ils ont l'air d'être les employés du Destin.

Leur boîte est souvent bien lourde et la courroie bride
leur veste... On ne croirait jamais que les mensonges soient
aussi lourds !

La concierge
est dans
l'escalier

FILLES....

Filles....

Allez donc leur dire qu'elles n'exercent pas un métier comme un autre !

Dispensatrices de plaisirs « qui ne durent qu'un moment », leurs misères — qui ne durent pas toute la vie — sont plus improbables que celles des femmes du peuple guettées aux tournants de la vertu et du devoir par la dèche et les maladies, dans le taudis où piaillent les gosses et où, chaque lundi, l'homme ramène les hoquets de ses bordées.

Coulisses de beuglants, restaurants de nuit, bastringues de faubourgs, cafés de retape, boulevards où elles circulent et rues où elles s'agglutinent en tas, guettant l'homme, promenoirs des music-hall..., nombreux sont les endroits où s'exerce le négoce de la chair.

La « bagatelle » de nos aïeux n'est plus du tout une chose frivole ; la galanterie est désormais marchandise de tout repos qui maintient vaillamment ses cours.

Dans quelque Revue obscène on les voit défiler, rieuses, fières de leurs cuisses qui font craquer le maillot, de leurs seins qui menacent l'orchestre, fouillant de leurs yeux agrandis la rangée de crânes des client de la sortie.

Que ce soit sur la scène ou derrière les grilles du poste de police où on les enferme les soirs de râfles, le bataillon d'amour a toujours dans les yeux la même inconscience et dans la bouche les mêmes refrains joyeux....

LE SERGENT DE VILLE

Le Sergent de Ville

A part ses poings en avant et la main lancée d'attaque vers le col du malandrin, le sergot n'a guère d'autres gestes et il reste passif, les bras croisés, allongeant sa moustache au pied de son bec de gaz.

Portant peut-être un peu plus qu'il ne faut le prestige de son pouvoir, il n'en est pas moins aimable pour les petites bonnes, obligeant pour l'étranger ou le provincial égaré, bienveillant pour le poivrot. En somme, le bon sergot mérite la sympathie qu'on lui accorde généralement dans son quartier.

Il faut d'autres vertus à ceux chargés d'endiguer les manifestations et de pourvoir à la bonne tenue des réunions publiques. On leur reproche d'avoir la main souvent un peu lourde. C'est possible, mais je voudrais bien voir à leur place les gens qui les blâment.

Ceux qui peuvent se rappeler les casse-têtes de la fin de l'Empire trouvent que le sergent de ville de nos jours n'est plus qu'un petit saint Jean.

Ils ont à leur ceinture un revolver dont ils ne se servent pas, l'usage de cette arme étant réservée à la canaille : et, gardiens, non seulement de la paix, mais des traditions de la courtoisie française, la consigne, quand on les attaque, est de repondre comme le comte d'Auteroche à Fontenoy : « Tirez les premiers, Messieurs les Apaches ! »

OP-COMIQUE
MANON
SARAH BERNHARDT
TROCADÉRO

GÉRANT DE CERCLE

Gérant de Cercle

Rédacteur de journaux de sport, lanceur de femmes, familier de toutes les coulisses, habitué des courses, des premières, des vernissages et de tous les endroits où l'on flirte, il est fort recherché pour la gérance de cercles où des précautions sont nécessaires quand, dans l'escalier, on entend des pas rapides indiquant qu'il faut ranger les cartes.

Pour le nouveau tripot qu'on ouvre, mais qui est le même que celui qu'on a fermé hier, il s'agit de rabattre la clientèle, de prévenir le monde féminin, de renseigner les rastas et de drainer les capitaux de la haute vers la nouvelle enseigne.

La besogne se fait à l'aide des sous-secrétaires en escroquerie et des Belles-Madames, et quelques jours suffisent pour mettre à point une nouvelle installation où l'on réunira les mêmes gens qui se feront voler de la même façon.

Le gérant de ces cercles, qui pullulent autour de l'Arc de Triomphe, sont tous des Brummels au petit pied. Ils dépassent la cinquantaine, mais leur mise impeccable et l'arrangement de leur personne leur donnent un je ne sais quoi qui serait comme la jeunesse de l'âge mûr.

Fort recherchés des femmes, ils sont une des parures de la société parisienne. Si l'on fouillait leur casier judiciaire, malgré la particule dont ils se parent, on n'y trouverait guère que de petites escroqueries sans conséquence.

L'AGENT DE FUNÉRAILLES

L'Agent de Funérailles

L'important étant d'arriver le premier, les garçons pharmaciens, les concierges et les gardes-malades le renseignent, moyennant quarante sous, sitôt le premier râle d'un agonisant.

Le métier comporte de la tenue, du tact et un sens d'éducation que pourrait envier un courrier de cabinet, voire même un ministre.

Ce n'est pas besogne commode de se montrer au milieu de sanglots pour discuter des chiffres tout en ayant l'air de les négliger.

Mais, cependant, comme il s'agit d'enfler la note, il faut bien laisser entrevoir, discrètement que les situations sociales comportent des obligations auxquelles on ne saurait échapper.

Alors, aux frais réduits par les héritiers à leur minimum, il propose d'ajouter des tentures, des écussons et des franges supplémentaires ; il indique qu'il serait décent d'augmenter le nombre des cierges et il laisse entrevoir la nécessité d'un pleureur.

Alors, il étale devant les affligés un album de photographies comme s'il s'agissait de la location d'un chalet au bord de la mer et il allonge une feuille de papier bourrée de chiffres, que, décemment, on ne peut discuter en essuyant des larmes.

TABLE DES MATIÈRES

TABLE DES MATIÈRES

Pages

ACHEVÉ D'IMPRIMER

LE 1ᵉʳ NOVEMBRE 1910

SUR LES PRESSES DE LA

SOCIÉTÉ TYPOGRAPHIQUE DE CHATEAUDUN